# 참 달이 밝다

# 참 달이 밝다

이수자 첫 시집

# 시인의 말

어느 날 밤, 창가에 핀 유자꽃이 방안 가득 달빛 불러들이는 소리를 들었습니다. 행여 아이들이 깰까 다독거리며 숨소리도 내지 못하고 꼬박 밤을 새웠습니다.

그러다 보니 그동안 묻어두었던 이야기들을 글로 한번 써보고 싶었습니다. 때로는 너무 바닥이 다 드러나 면구스러울 때도 있었습니다만, 그래도 써보고 싶었습니다. 그런데 글을 쓰기에는 모르는 것들이 너무도 많았습니다.

책을 읽고 싶어도 눈이 좋지 않아, 공부도 때가 있는 것이라는 말을 실감했습니다. 그래도 살아온 이야기들을 주섬주섬 엮어 보았습니다. 부족한 글들이지만 누군가 공감해주는 이가 있다면 더없는 기쁨이 되겠습니다.

첫 시집을 내기까지 지도해 주신 교수님들과, 같이 공부해 온 문우들, 관심과 사랑으로 응원해준 가족들, 그리고 제 삶을 큰 은혜와 축복으로 인도해 주신 하나님께 감사드립니다.

2011년 11월

전주 동산촌에서 이수자 삼가 씀

| 목차

## 2
## 성자의 눈빛처럼

3

## 감꽃이 필 때면

## 4
## 하얗게 몸을 궁글린



■ 작품 해설

# 1

## 참 달이 밝다

# 터널

예고도 없다
어디쯤에서 무엇이 나타날 것인지
미로 속이다
행여 어디에 부딪히지나 않을까
끝이 어디쯤인지 추스른다
이 벽을 부수고 밖으로 돌출하든지
단숨에 뛰어넘든지
어떤 방법도 허사다
다행히 여기에도
나를 지키는 불빛이 흐르고 있다
멀지 않은 저편의 끝 쪽에서

# 화로

뜨거웠던 시간들
아직 남아 있다
밤새 호롱불 심지 태워
창호지문 하얗게 밝히던 눈빛
떠들어보아도 미동하지 않는다
이리 덮고 저리 덮는 것이
아무 생각 없는 줄
시간만 날리는 줄
식어가는 화로는 입도 귀도 없는 줄
늘 구석 자리다
그냥 누르고 있는 것이
남은 온기 지키기 위한 것이라는 것
흔들리면 불씨조차 날려버릴 것 같은
그래 가만히 있다고
어느 한순간도 잊어버린 것은 아니라고
잿가루 다독이고 있다.

# 벚꽃 길에서

낯선 곳으로 밀려가고 있다
겨울 헤집고 봄을 피워 왔건만
절정의 순간도 잠시
어디론가 가고 있다
가는 길이 어디일지 몰라도
지금까지의 이 아름다움만으로
또 누군가를 위해 한 편의 시였고
그리움이었다는 것
더러는 누군가에게 밟히기도 한다
그래도 내 모습 잃지 않으리라
이렇게 꽃이었다가
어떠랴
이 햇살 한 줌 이슬 한 줌
눈이 부신 꽃잎 한 장
다시 되어질 수 있다면
바람 속에서도 춤을 추리라

# 길

눈을 뜨면 걸어야 한다
꿈속에서도 걸어야 한다
커브처럼 휘어지기도 하고
곧게 뻗어 있기도 하다
찬바람이 불어와
콧등을 시리게도 하고
더러는 더위를 피하느라
그늘을 찾아다닐 때도 있다
반가운 사람을 만날 때도 있고
불청객을 만날 수도 있다
혼자보다는 동행이 있어
더불어 가면 힘이 될 수도 있다
한낮의 고요한 산책로이기도 하고
해 질 녘 시장통처럼
인파의 대열에 밀치고 밀리어
물 흐르듯이 출렁댄다
힘에 겨워 쓰러지기도 하지만
길은 쓰러지기 위해 있는 것이 아니라
걷기 위해 있다

이렇듯 걷고 또 걷는 길이
어디쯤인가에 끝이 난다는 것을 알면서도
오늘도 길을 걷고 있다.

# 봄의 얼굴

채 녹지 않은 눈 펴올려
청보리 끝에
방울방울 꽃등으로 걸어놓고
새 풀 향 어디쯤 오는지
잔뿌리 하나까지
튼실히 채비한다
줄기 굵어 버팀목 되라고
물관 타고 한 잎 한 잎
피어오를 때마다
또 하나의
완전을 이루기 위해
어둠도, 시린 몸살도
혼자서 산고를 이겨낸
성스러운 얼굴로
아침을 밝히고 있다.

# 나무

비어 있다
어둠의 터널을 지나는 동안
남은 거라고는 커다랗게 도려진 가슴뿐이다
누군가 무엇을 내놓으라 하면
더 이상 줄 것이 없다
무엇을 가져가고 싶으냐고
팔을 하나 줄까요
몸통을 줄까요
어느 누구도
어둠의 소용돌이 속에서
어떻게 살았는가는 묻지 않는다
몇천 년이나 살 줄 알고
밤 새워 물 길어 올리고
하루가 질세라 동동거리던
구멍난 가슴은 보지 못하고
하루를 한 움큼의 약으로 버틴다
팔랑거리는 나뭇잎만 본다.

# 저녁 산책

누가
먼저랄 것도 없이 길을 나섰다
하루의 부스러기를 뒤집어쓴 채
말없이 걸었다
앞서거니 뒤서거니
때로는 나란히 걸었다
파랗던 들판에
하늘이 내려와 어둠을 깔고 누워 있다
바람 한 점 바쁘게 달려와
저편까지 쓸고 내려간다
멀리서 등 하나 외롭게 반짝이어도
그것까지도 고고하다
잠시
쓸고 내려간 빈자리
생활의 찌꺼기들이 고개를 든다
걸어도 걸어도
머리 들고 항의하는 때묻은 시간들
바람을 마셔보아도
어둠을 밟아보아도

다시 북적대는 녹슨 일상들
고개 떨군 침묵 사이로
늦은 달이 떠올랐다
그래도 우리는 어떤 이유에서든지
누가 먼저랄 것도 없이 입을 맞추어
“참 달이 밝다.”고 하였다.

# 공 거두는 날

파랗던 여름을
조금씩 물들이더니
그 진한 가을 하늘을 담고 있다
늘어진 가지나 잎
쓸모없는 것들은 떨구어낸다
내 생에 쓸모 있었던 것
얼마나 되었을까
그 욕심이라는 것
떨쳐내야 한다는 것을 알면서
버리지 못하고 간다
둥굴게 둥굴게 굴러
어디로 가는 것일까?
그래도 구르고 굴러 알몸으로 남는 날
타닥타닥 한 줌의 여운으로 남는다.

# 분수

하늘이 어디쯤일까
얼마큼 솟아올라야 가 볼 수 있을까
많은 날들을 기도했다
꿈에도 그리던 소원이
한여름 하얗게 시선을 받았다
날이 갈수록 완숙한 춤을 추고 싶었다
누군가 아무도 추어보지 못한……
그런데
어느 날 부러운 시선이 족쇄가 되었다
누군가에 의해 꼭두각시 되어 온 나의 삶
묶여진 발목을 풀고 싶다
좀더 자유로워질 수는 없는 것일까
허허벌판이라도 좋다
땀 흘리던 농부의 발밑이라도 좋다
그냥 잔잔히 그곳에 가 흐르고 싶다.

# 여명

산 아래는 아직도 어둠이다
깊은 계곡은 물소리로 밤을 새운다
두려움에도
물소리만은 놓치지 않으려
흔들었다 그 사이에도
잠깐씩 졸음이 밀려와
놓치려는 찰나
추슬러 긴장을 동여매었다
나침반이 있는 것도 아니고
등성이로 올라서야 했다
간신히 손에 잡혔는데, 썩은 가지였는지
아래로 아래로 곤두박질이다
눈물 같은 것은 사치였다
손에 큰 옹이들이 선명하다
참아내고 견뎌온 시간들이
중후한 몸짓으로 정상부터 걷히고 있다.

# 누가 그 그림자를 삼키었는가

겨울이 찍어 놓고 간
발자국에
그림자 하나 젖어 있다
이렇게 작고 얕은 물 속에서
무엇을 생각하고 있는 것인지
아무도 생각해보지 못하는
꿈이라도 꾸고 있는 것인지
가끔씩 바람이 머물면
그림자가 흔들거린다
무엇을 염원하는 몸짓일까
아무것도 아닌 것처럼
햇살 한 자락이
시도 때도 없이 잦은발이하더니
발가벗은 그림자 통째로 삼켜버렸다
그리고 그 자리에 봄날이 앉아 있었다.

# 꽃밭

좋아서 바라보고 있습니다
새순이 애기티를 벗고 밭을 이루더니
향기로 가득하네요
온종일 있어도 지루하지 않습니다
어떻게 추슬러
발을 빼보려 하지만 더 깊이 빠져 버립니다
생을 통해
이렇게 여여한 때가 있었냐고 묻는다면
말할 것입니다
어찌어찌 계단 하나를 오르면
다음 계단이 기다리고 있었습니다
그 계단을 오르고 나면 더 높은 계단이
항상 기다리고 있었습니다
이제 이 밭에서 그냥 머물러 있어 보려 합니다
꽃밭이 있어 생이 아름다웠다고
가슴이 꽉 차 있다고 말하겠습니다.

# 그냥 살았습니다

맥없이 열심히 살았습니다
그러면 누가 무엇을 주기라도 하는 것일까요
준다면 무엇을 줄까요
받을 준비는 되어 있을까요
주지 않는다 해도 살아야 하니까
살아보려 했습니다
한 번씩은 옆길로 가보고 싶었습니다
그럴 때마다 떠오르는 얼굴이 있었습니다
깡마르고 야윈 어머님의 모습이었습니다
그런데도 자식들은 일을 시키지 않으려 하셨습니다
농촌사람이 일을 하지 않으면
무엇을 하라는 것이었을까요
공부하라는 무언의 기도였던 것 같습니다
어떻게 사는 것이 열심인지 잘 모릅니다
다만 내가 그렇게 살아야만 또 누군가 나처럼
아니 내 자녀들만은 바라봐 줄 것만 같았습니다
내 스스로 그렇게 위안해 보는 것인지도 모릅니다.

# 산은

하늘이 멀리에 있다
솟아오르다 왜 멈추어야만 했나
그렇다고 주저앉기에는
분출하는 욕망을 주체할 수 없어
가을이면 그렇게
오색으로 태워야만 하는가!
세상의 온갖 오욕과
한 줌의 침묵까지라도
그렇게 태웠건만
밤새 뒤척이다
제 모습으로 다시 돌아가야 하는
어쩔 수 없는 산만
그러나 아침 해는 다시 떠올라
하늘이 그렇게 멀지만은 않다는
소망 하나로 서 있다.

## 들녘에서

들판이 텅 비어 있다
한때 그렇게 찬란히 익어
보람의 결실을 거둬들였건만
허수아비가 흘리고 간
흔적조차 멀어졌다
날던 참새들도
흐르던 물소리조차도
어디로 떠나버리고
행여 찬바람이라도 왔다가
그냥 돌아설까 봐
이렇게 홀로 서 있다
정녕, 누구의 몫이런가
이 빈 들판을 지켜야 하는 것은

# 섬

누가
흘리고 간 그리움 한 조각인가
칠흑의 밤, 뱃고동 소리
잠든 영혼 뒤흔들어
깎이고 부서진 세월
운명으로 돌리기에는
너무 기나긴 몸부림
언젠가는 돌아가고 싶어
함께 부르던 노래
메아리 되어 가슴 적시는 날
손에 손잡고
살을 비비며 밤을 새우고 싶어
머리 조아려 옛날을 이야기하고 싶어
거센 바람 불고 파도가 밀려와도
몸 추슬러 여기에 서 있다.

## 침묵의 바다

너는 알고 있었지
안개 끼어 수평선이 보이지 않아도
동요하지 않았다
몸이 찌뿌듯해 쉬고 싶은 날엔
머지않아 비가 온다는 것도
파도가 높아
금방이라도 뒤집힐 것 같은 날에는
그 풍랑 인연하여 더 빨리 간다는 것도
오늘처럼 바람이 좋아
햇살 불러 파닥이는 날에도 그저 미소뿐
관절 사이로 찬바람 일어
무릎 꿇을 수 없는 날
기도하는 의미까지도

# 아침

밤새 쌓인
부스러기들이
아직도 뒤척이고 있다

노을을 등지고
시작한 사소한 것이
적막을 흔드는 초침소리로
방안 가득하다

우주공간을
몇 번을 넘나들었기에
입술이 까맣게 타 있고
혀는 모래를 씹고 있다

피뢰침은
하늘 바라보다 잠이 들지만
행여 누가 들을까
속으로만 중얼거리다 두 손 모으면
기약도 없는 기다림은

가슴을 후벼내고 쓸어내어도
당신이 그곳에 계시다는 믿음 하나가
어둠의 끝자락 잡고 일어선다.

# 순환

구름이 햇살을 가리었다.
지금 햇살이 구름에 가리었다고 영원히 가려지는 것은 아니다. 많은 날 중에 햇볕이 오래 비칠 때도 있고 구름이 낄 때도 있다. 그 무엇과도 상관없이 만물은 다 움직인다. 낮이 오고 밤이 가고 숨을 쉬고 쉬었다가 다시 움직이고 반복의 순간에도 들거니 날거니 구름과 햇빛이 교차한다. 수많은 사람들은 자의든 타의든 구차한 가난이라도, 증오라도 주어진 생은 그 누구도 거부하지 못한다. 이 순간에도 낳고, 죽어가고, 슬퍼하고, 괴로워하고 생의 끝과 시작을 거듭한다.
가끔씩은 어떤 가슴앓이로 기도하기도 하고 성숙해지기도 하는데……

머리를 감았다.
양쪽 손으로 수건 끝을 잡고 탁탁 쳤다. 퉁겨진 물방울이 반짝인다.

# 산다는 것은

산다는 것은
눈을 뜨는 일이다

천 년이나 만 년이 아니라도
숨을 쉬고 있는 한

가난한 영혼 위해
많은 것들과 싸워야 한다

때로는
쉽게 갈 수 있는 길이 보여

그 어떤 것들과 타협하고 싶지만
조금 더디더라도

돌아서 바른 길로 가려고
손에 땀을 쥔다.

# 2

# 성자의 눈빛처럼

# 빗물

어디쯤에
정착할 수 있을까
며칠을 벼르다
어둠 같은 미로에 내린다
어느 큰 건물
하늘이라도 찌를 듯이 당당한
저곳은 어떠한 모습일까
유리창을 기웃거려 보지만
속 풍경은 거들떠보지도 못한다
어쩌다가
조금 열려 있는 창을 두들겨보지만
그 틈새로
몸 하나 비벼대지 못하고
온종일
할퀸 상처만 안고
다시 머나먼 길을 나선다.

## 슬픈 날

빗방울이
숨 죽여 내린다

빗줄기가
소리 없이 흘러도

개울은 졸졸
선명한 화음이다

송사리 몇 마리가
제 물 만난 듯 헤엄을 친다

물줄기는 흘러
강을 이루지만

아픔의 얼룩을
다 씻어내지는 못한다

얼마큼
강을 건너야
나를 비출 수 있을까

# 땅콩 밭에서

여름을 파랗게 장식해놓고
땅속에서만 살아서일까

화장기 없이 맨얼굴인데도
흙빛이 탱탱하다

얼기설기 아무렇게 있는 것 같지만
사이좋게 짝을 이루어

동서남북으로
머리는 두르고 있지만

젖 냄새가 그리웠을까
저마다 엄마의 탯줄 물고 있다.

## 새벽

별조차 스러지면
남은 시간 부여잡고 있다

어둠이 다가와
사물을 분간할 수가 없었다

몸이 상하도록 머리를
싸매어 보았지만

돌아오는 것은
아픈 자국뿐이었다

긴 시간을 추스르지 못하고
입술이 까맣게 타는 줄도 모르고

성자의 눈빛처럼
불빛 몇 개가 껌벅이고 있다.

# 초가

넘나드는 일도
허리를 굽혀야 한다
평생을 구부리고 살아
높은 곳에 대한 염원은
포기한 지 오래다
그러다가도
한 번씩은 기웃거리다
때묻은 욕심 한 자락 벗어보려
볏짚을 주섬주섬 엮어
새것으로 갈아입어 보지만
저 밑바닥 심중은
길어올리지 못한 채
다 떠난 빈터를 파 엎는다.

# 눈발

별을 그렸겠지
달을 그렸겠지
어느 만큼이나 올라야 끝이 오는 것일까
오르고 또 오르고
모두가 꿈꾸어 보는 머나먼 곳
하루해가 모자라
시간을 거슬러 달려간 길
터덜터덜 맨발인 채
입을 다물고 소리없이 내리고 있다
그 피안이라는 곳 보기는 본 것일까
시간만 낭비하고 혹 허탈함으로 돌아선 것일까
그래도 천상보다는
이 땅 위의 흔적의 꽃을
어떤 순리라는 심연의 세계를
눈꽃으로 피우고 있는 것일까
겸허까지 배우고 돌아온 것일까
순수의 빛으로 엎드려 있다.

# 거울 앞에서

거울은 입을 벌려
말을 걸어온 적이 없다
굳이 말하지 않아도
나를 너무 잘 알기 때문일 것이다
젊었을 때에는
파아란 꿈이 투명했다
가을 어느 날
맑고 높은 하늘을 담고 있기도 했다
세월의 두께를 입어
나이테는 선명한데
투명했던 꿈들이
불투명해진 것들도 있다
밀치고 밀리는 사연들에
입 다무는 속마음
언제나
한 번쯤 말을 해올까
그러나
네가 말하지 않아도

그저 바라만 보아도
나를 볼 수 있어 너를 본다.

# 꽃잎

나물 씻던 그릇 속에
첨벙대는 꽃잎 하나
아직 꿈을 간직하고 있는 것일까
어디서부터 따라온 것일까
전생이 어부였을까
혹시 물고기였을까
고향에 두고온 그리움 때문인지
오는 길이 순탄치 않았을 텐데
더러 어려움도 있었을 텐데
얼굴 하나 구기지 않고
제 모습 그대로이다
어디로 가기 위한 통로를
아님 목적지가 정해져 있어서
하수구인 줄도 모르고
한달음에 빠져나가고 있었다.

# 나에게 부치는 편지

잇몸이 부어 있다
며칠째인가
비타민 하나를 입에 물고
물을 마신다
고개를 드니
천장이 눈 안에 들어온다
눈동자조차 굴리기 싫어
부동자세를 하다 보니 뒷목이 저려온다
창문을 열었다
봄이 금방이라도
오르락거릴 것 같기도 한데
햇살조차 차갑다
마음에 불씨 하나 지피지 못하고
방안 온도를 올리려
몇 번째
보일러만 가동시킨다.

# 안개

오늘 하루도
미지의 끝을
잡을 수 있다는 막연함으로
몸을 던진다
날마다 반복되는 일이지만
지척을 분간할 수 없어
손을 뻗어보지만
잡히는 것은 아무것도 없다
닿을 듯싶어
다시 발을 옮겨 보지만
저만큼의 거리에 있다
실체를 드러내지 않지만
어느 누구도
시간을 거스르려 하지 않는다
일순간 머물다
언젠가는 지워지리라는 것을 알기 때문에
서둘지 않는 것일까

어쩜
아주 천천히 아니면 그보다 더 빨리도
걷히면 햇살 가득
새날이 오리라는 믿음 때문일까

# 몸살

숨을 들이마신다
창밖이 보인다
앞을 가로막고 있는 앞 동 건물
저 건물 하나로 보이는 시야가 이렇게 다르다
사이를 비집고 고개를 내밀어 더 멀리를 본다
그래도 하늘이 시원하게 보이진 않는다
이렇게 사소한 차이가
큰 변화를 가져온다는 것
무심코 던진 한 마디가 되돌아와
내 한복판을 명중했다
이 화살촉을 빼내려 몸살을 앓는다
누군가도 내가 던진 한 마디로
가슴앓이 했겠구나
긴 숨을 내쉰다.

# 초승달

날마다 그림을 그렸다
나는 진정으로 무엇이 되고 싶었을까
엄마가 되고 싶었을까
그것은 아니었을 것이다
그냥 엄마가 된 것이다
엄마가 되니 아이들을 훌륭하게 키우고 싶었다
남들처럼 어떤 직함이 없다 해도
엄마만이 가질 수 있는
이렇게 엄마로만 만족할 수 있는
무엇으로든지 폐 끼치지 않는
훌륭한 부모로 남고 싶다
지금도 눈을 비비며
안약을 넣어 가며 그려보지만
그믐 지나도록 지우기를 몇 번
초승에야 겨우 눈썹 하나 그려 놓고
그 무엇도 그리지 못하고 실눈으로 먼동 튼다.

# 바나

썰물 빠져나간 바다에서
구멍 하나가 입질을 한다
그 구멍 깊이에서
아직 남아 있는 생명들
한 번쯤
파도에 밀려
기웃거려봄직도 한데
그렇게 몸을 꽁꽁 숨기고 있다
밀물만을 기다리며
무슨 생각들 하느라
헛발을 디딘 것일까?
'나는 아니다.'라고
'해야 할 일이 아직 남았다.'고
그날이 오리라는
심중은 있었으면서도
영원히 존재할 것만 같았던
어리석은 내 남은 생
말[言]을 닫고 입만 껌벅인다.

## 노을 속으로

낙엽 하나
하늘을 바라보고 있다
무슨 생각에 잠겨 있는 것일까
꼭 만나야 할 사람이 있는 것일까
지키지 못한 약속이 마음에 남아
서성이고 있는 것일까
그때는 차마 용기가 없어
먼발치에서만 보았노라고
살면서 살면서 오다가다 한 번쯤
그냥 지나치지는 않았을 것인지
못다 한 이야기로
밤이라도 태우고 싶었을까
끝내
가슴 태웠다는 말만은
그냥 싸 가지고 가는 것은 아닌지
머뭇머뭇
노을 속으로 떠나고 있다.

# 진눈깨비

외투 끝자락에 매달려
비가 내리는가 싶더니
채 녹지 못한 눈꽃이
밤새 별들이 흘리고 간 선율에
화음으로 떨리고 있다
겨우내 벗고 서서
바람 막느라
가눌 힘도 없는데
떠오르는 태양 앞에
허물어 가는 모습 애써 태연하다
저 수많은 작은 알갱이들이
마지막 겨울을 장식해 놓고
봄이 오는 길목에
눈물을 닦는 것은
목에 걸린 가시처럼
아직 매듭짓지 못한
일상들이 남아 있기 때문이다.

# 겨울나무

겨울나무 하나 서 있다
햇살 따라 발돋움하고 때로는 잠을 설쳐야 했다
열매 하나 열릴 때마다 세상이 넓어 보였다
그 열매 익어 하늘이 높아 보이는 날
내 안을 들여다보지 못하는 안타까움에 빠지기도 하곤 했다
산 그림자 추워지던 날
마지막 잎새 보내고 서 있다
바람이 발밑에 쌓인 낙엽을 가져 간다
다 보내고 하늘만 가득하다고 생각했는데
남은 낙엽 쓸어가지 못하도록 붙들고 있다
그리고
기다리며
이 얇은 눈까풀 하나 떠 있다.

# 여름 운동장에서

학생들이
운동장에서 잡초를 뽑고 있다
여름방학인데
학교에 나온 걸 보면 고 3인가 보다
교실에서 공부시키지 않고
운동장으로 내몰았다
맨손인 아이
작은 풀 포기 하나 들고 대롱대롱인 아이
주어진 시간을 채우는 아이, 메우는 아이
이 뙤약볕이 짜증스럽기도 하련만
무엇이 그리 재미있는지
풀색보다 더 신선하다
그들은 어디로 가기 위해
시간을 달구어 통로를 만들고 있다.

# 모닥불

제 몸 궁굴리며
불길로 오른다

어느 바람 타고 와
하늘 높이 솟구치다

허리 휘는 강풍에도
깊이 박힌 옹이처럼 굳어진 살점

못다 이룬 꿈
흔적으로 남기기 싫어
매캐한 연기만 뿜어대더니

숯이 되어
한 줌의 재로 날리고 있다.

# 시간 속으로

비가 내린다
헤집고 발 옮겨
지나가버린 시간 속에 젖고 싶다

흘러가버린 시간들을
다시 만날 수 있을까

빗방울은
작고 크게 원을 그리다 부서진다

그래서
빗방울은 다시 만날 기약을 알고
동그라미 그리고 있었구나

매어두고 싶은 시간 속에
빗줄기는 더 굵어지고

어느 선 하나
그 무엇도 그리지 못한 채
시계 초침은 재깍거리는데

그러나
돌아설 수밖에 없는 시간 속으로
비가 젖고 있다.

# 갈대

겨울 끝 부여잡고
봄을 떠나보내고

여름 치켜
햇볕 잘게 부수면
은빛 가득하다

서걱이는 소리에도
목 내밀다
키만 하늘로 커

코가 땅에 닿도록 휘청해도
한 번도
이 자리를 떠본 적이 없다

소리내어 말 못하고
아무도 눈치채지 못하게
바람 속에서만 울다

저물녘 지는 해 따라
슬픔까지도
강물에 담그면 새벽이 온다.

# 능선

등을 탄다
가파르고 깎아지른 산령
왜 이런 곳에 있어야만 하나
슬픔에 젖기도 하지만
밤낮을 비바람 속에서도
꺾이지 않을 수 있었던 것은
산 아래 저 많은 눈빛들 생을 불사한다
과연
생을 내놓을 만큼
어떤 몫을 다하고 있는 것일까
아니
어떤 몫을 못한다 해도
누군가 어루만지려 다가왔을 때
빈 가슴으로 남는다 해도
나를 향한
언제가는 오를 수 있다는
그들의 희망으로 남고 싶다.

# 3

# 감꽃이 필 때면

# 휴가철

손주들이 몰려와
북새통을 이루었다
태풍이 다녀간 자리처럼
쓰레기들만 남았다
땀이 흐르는 줄도 모르고
기다림 풀어 밤을 새웠다
손가락이 마디마디 저려오고
오리처럼 몸이 기우뚱거린다
철지난 바다처럼
여름이 빠져나가도
쥐고 있는 끈 놓지 못해
파도에 밀려 제 모습 잃은
그들의 흔적
부둥켜안고 있다.

# 그 집에는

그 빈집에는
바람이 불고 있다

등에 업혀 별을 헤던
자장가 소리

허리 굽혀 잡초 뽑다
대처로 난 길 보며
훔치던 눈물방울

어머님 먼 길 떠나던 날
온 집안을 돌다돌다

우거진 풀이
반쯤 떨어진 문짝 사이로
안방을 기웃거릴 때

마지막까지 눈감지 못하고
뜬눈으로 가신

그 바람의 넋이
아직도
그 빈집 안에서 불고 있다.

# 감꽃이 필 때면

봄이 오면 감꽃이
집 뒤안을 가득 덮었다

연둣빛 잎들이
키재기를 끝내면

휘어진 가지마다
감꽃이 피었다

어머님은
뒤 정지문 열고
장독대 훔치시다

보낸 딸 눈에 밟혀
감꽃으로 목걸이 만드셨다

당신 얼굴처럼 주름주름
치마폭에 담아

굽은 허리로
먼 하늘 바라고
바람 소리에 또 문 열어 봅니다.

## 아버지와 골목

아버지
목소리를 떠올려본다
모습도 그려본다
꿈에서나 뵈올까 잠을 청해 보지만
눈만 더 또렷하다
공장에서
야간작업이 있는 날은
고샅까지 나와 계셨다
아들은 공부를 시키고
"딸인 너는 못 가르쳐 미안하다."
"그래도 너는 믿는다."
잡은 손 놓지 못하셨다
당신 떠나신 후
그 골목
마음속에만 남아 있다.

# 논두렁

야위고 늙은 가난이
논바닥에 엎드리면
후여후여 물살 가르던 소리
힘에 겨워
허리를 가누지 못한 채
아버지 따라 풀을 뽑아 올렸다
"논 팔아버려."
남들처럼 돈 버는 재주도 없으면서
그래도 날이 새면 논밭으로 달려
해가 서산에 걸리는 줄도 몰랐다
논 팔아 공부시킨 자식 제구실 못하니
구들장이라도 파고 싶으셨던
아버지
아버지
논두렁을 삽자루로 내리치셨다.

# 여름밤

마당 가운데 멍석 하나 깔아 놓았다
콩밭 매고 치마 폭에
옥수수 아름 따오시어
늦은 저녁 온 식구 둘러앉았다
동생은 잠이 들고
아버님 어머님 삼베 옷 다리느라
장작불 담은 손 다리미
오르락내리락 밤을 밝힌다
한편엔 푸새 나무
매큼히 모깃불 피어 오르면
더웁다고, 졸립다고 투덜대던
졸음까지도 쫓아 주었다
이제 세월 흘러
밤새 이슬 젖은 멍석 대신
옥상에 올라 별 헤어 보니
바람 한 자락
아련한 그리움 가슴에 묻고 간다.

# 그리움

또랑 길을 미끄러지듯
오빠 따라 졸랑졸랑
얼개미 하나 머리에 쓰고
옆구리에는 소쿠리 하나
폴짝폴짝 새끼 도랑 뛰어넘어
둑 밑까지 더듬더듬 자잘한 새우 떠올린다
시린 손 호호 불면 입김 하얗게 부서져
소쿠리에 앉는다
거칠거칠한 시래기에 새우 넣고 끓여
온 식구 얼굴 붉도록
한입 가득 물고 서로 마주 보았다
이제 먹고 살기 바쁘다는 것이
이유인지 구실인지
눈길조차 희미해져버린
옛 얼굴들이 되었다

# 내 어릴 적 뒤안

동네 청년들 모여 놀던
소문난 마당 넓은 집

모퉁이 돌면 뒤안 덮은
휘어진 감나무 가지에
가을 감은 누런 구렁이 한 마리

청년들 너 나 없이 앞다투어
번질한 도리깨 자루로
감긴 또아리 풀려고 삿대질해 보지만

이 가지 저 가지 미끄러져
키 큰 대추나무 끝에 용 틀어 올리고
도도히 혀 내민 기고만장

헛간 속에 톱 찾아 나무 밑 베니
서슬 퍼런 황금 비늘도
빨아 놓은 미역가닥처럼 늘어지고

그 후로 살림 기울고
아픈 식구 많아진다고
혀 차시던 어머님의 씁쓸한 표정

어떤 속설의 예시였을까!
옛날은 아스라이 밀려오고
지금도 오며 가며 그 터 훔쳐보아지는데

# 그 길

어머님의 마음을 헤아리지 못했다.
넉넉지 못한 살림살이에 자식 키워 공부시키고, 결혼시키고 그냥 다들 그렇게 하는 것인 줄 알았다. 아무 때고 아이 맡기고 내 볼 일 보러 다녔다.
예고도 없이 식구가 들이닥치면 쌀 씻어 무쇠 솥에 불 지피어 고슬고슬 구수한 밥상이 금방 나왔다. 밥 지으랴, 국 끓이랴, 아궁이의 나무를 발로 차 넣으셨다. 채 마르지 않은 푸새 나무 후후 불어가며 눈물 훔치시면서도 손이 마를 날이 없었다.
무엇인가를 보따리장수처럼 보퉁이 보퉁이 담아 오셔 시장 좌판처럼 펼쳐 놓고 이것은 이래라 저것은 저래라 하시면 그저 그러려니 했다. 생전 내 곁에 계실 줄 알았다. 당신 생을 갉아 먹는 일이란 걸 당신 떠난 뒤에야 알았다, 나도 지금 보퉁이를 챙기고, 아픈 관절을 끌며 그 길 따라 집을 나선다.

# 모내기 날

하늘 바라보던 천수답에
빗방울 투두둑 쏟아지면
넘실 춤추는 이랑 사이로
진흙 속에서도
온 식구 한 포기 두 포기
꿈을 심었다
올 농사 잘 지어
아들 등록비 만드셔야 한다며
지게 뒤에 매달린 술병 하나와
허리 휘도록
광주리 채워 오신
어머님의 못밥으로 고단함을 달랬다
이제 두 분 숨결은
우리 아이들 전설 속에 묻혀버리고
들녘엔 이앙기 한 대가
옛날을 그리며 탈탈거린다.

# 보릿고개

아버님은 새벽 밟고 산으로 향하신다.
지게 뒤에 매달린 주먹밥 하나가 흔들거린다.
헐려간 나락 퉁가리* 자리를 따온 솔방울로 채워갔다.
어머님은 옆구리에 질끈 허기를 동이고
보리 이랑 사이의 나물을 캐신다.
긴긴 해에 자식들 얼굴이 어른거린다.
몇 바퀴를 돌았을까
흙 범벅이 된 고무신이 어지러워 따라오지 못한다.
고장난 풀무가 풀풀거린다.
솔방울 톡톡 튀는 소리에
밥 익는 냄새가 졸고 있는 멍멍이의 빈속까지 뒤흔들어 놓는다.
수저는 뜨는 둥 마는 둥
국 떠온다, 숭늉 떠온다, 아버님 담배쌈지 찾는다
핑곗거리 만들어 여러 번 들랑거리시더니
그날따라 어머님의 물배는
초저녁부터 치마가 배꼽까지 내려와 있었다.

---

* 추수한 벼를 보관하기 위해 마당에 설치하던 것으로 지역에 따라 토골 또는 나락 뒤주라고도 함.

# 허수아비

누구의 그림자로 서 있나
저물도록 지는 해 바라보며
두 팔 벌려 외치지만
새 떼들 얼굴을 쪼아보고
비벼대기도 한다
바람도 있는 힘을 다해
흔들고 가면
쓰러지기를 몇 번
다시 일어나 옷깃을 여민다
찢겨진 살점 한 점
땅속 깊이 묻혀도
그것은
허상을 벗기 위한 침묵
죽음이 아니다.

# 마지막 여름

이 여름을
달력 속에 묶어 두고 싶다

동네가 물에 잠길 것이라는 말을
오늘 안 것도 아닌데
뼈까지 묻을 줄 알고 살았던 땅이
한 바작 짐을 지고 있었다

잠겨오는 당산나무
허리에 찬 금줄, 두 손 빌던
소지에 매달린 사연들
당산 할매는 젖는 줄을 아는지 모르는지

물이 차오르는 사이 사이에서
헉헉거리며 삼모 뽑아 지게에 담으면
어디서부터
목이 조여 오는 줄도 모르고
개미 떼는 행군이다

땅덩이가 넓은 사람은
손에 쥔 것이나 많지
늙은 작대기가 비틀거린다.

# 밤은

밤은
불빛으로 열린다

땅거미 지면
하나 둘
하늘에서 땅에서
크고 작은
빛의 섬들이 돋아난다

빛이 있어
아름다운 밤
때로는 슬프기도 하다

그렇게
불빛 달궈
사는 이야기
뜬눈으로 지새다

어둠 밀려가면
새벽 이슬에 얼굴 씻고
내일을 기도한다.

# 은행나무

하루를
기도로 시작했다

행여 어느 것 하나
때 놓칠까
한눈 한 번 팔지 못했다

비가 오는 날에는
우산이 되었고
햇살 쏟아지는 날에는
진자리 갈아 뉘었다

품안의 정이
알알이 떠나던 날도
눈가 촉촉했는데
가을이 깊어가고 있다

또 하나의 새 생명을 위해
겨울을 혼자 나야 한다
눈을 감는다
그리고 바람을 부른다.

# 강가에서

나뭇잎 하나 떠 있다

그냥 젊다는 맨주먹 하나만으로
물을 건널 수 있다니

저 푸른 깊이만큼
물살을 갈라서

젊음도 좋지만
기다릴 줄도 알아야지

어느 것 하나 상하지 않고
잔잔히 건널 수 있으려면

물 흐르듯이
바람 없는 날

# 반달

잃어버린 조각을 찾아
밤새
깊은 골짜기까지 내려온다

때로는
헛발을 디뎌
연못에 빠지면서도

하늘과 땅 사이가 너무 넓어
절반의 얼굴로 서 있다

늘 비어 있는
허탈을
선걸음 돌아보지만

덩그마니
혼자
아직도
새벽을 맴돌고 있다.

# 눈을 뜨고

눈을 뜨면 바라볼 수 있다
꿈속에서 찾아 헤매어도 보았다
아주 어렸을 적에는
솜털 구름처럼 부풀어오르기도 했고
때로는 할머님이 감아 놓은
한 가닥 풀어내는 실타래이기도 했다
삶이 고단해 잊어버리고 산 적도 있었다
그러나 잊어버린 것이 아니었고
더 깊은 곳에 크게 덩이 되어 있었다
아주 천천히 조심스레
그 높은 봉우리를 올라가 보았다
그런데 그 곁에는 더 높은 봉우리가
또 다시 손짓을 하고 있었다
퇴적암처럼 지층을 이루고
세월의 자락이 병풍을 쳐 놓아
한 발자국도 내디딜 수 없다
한참을 쉬면서 심호흡을 크게 했더니
길이 보이기 시작했다

조금 늦더라도 포기하지 않고
오늘도 느린 걸음이나마
다시 한 번 눈 비비어 오른다.

# 팽이

돌고 있는 팽이는 아름답다
나무 토막 하나 잘라
깎고 다듬어 예쁘게 색칠을 하고
반듯이 놓아본다
평지에도 놓아보고 고지에도 놓아보지만
홀로 서지 못하고 넘어진다
다시 일으켜 중심이 잡힐 때까지
세워서 돌려 준다
신이 나서 밤인지 낮인지
한겨울에도 추운 줄 모르고
젊음처럼 돌아다닌다
얼마만큼 돌다 힘이 빠지거나
시들해지면 누워 꾀도 부려본다
더러는 때려 주면 얼른 일어나
360도를 돌고 또 돌아
지구의 몇 바퀴만큼의 거리를 도는
팽이는 누워 있을 때보다
돌아갈 때 더 아름답다

하지만

언젠가는 멈추어야 한다는 숙명을 안고도

팽이는 돌고 있다.

## 나목

바닷가 외딴섬에
나목 하나
누군가 그리워
홀로 서 있다

갯바람 불어와
물빛 가슴 일렁이면
어디론가 떠나고 싶어
서성이다가

제 그림자
파도 위에 내려놓고
이끼 낀 세월
소용돌이에 흐느적거린다

이름 모를
새 한 마리 날아와
사랑을 노래하다
눈물 글썽이면

사랑은 주는 것이
더 아름다운 것이라고
알몸이 다 되어
선 채로 이렇게 기다리고 있다.

# 4

# 하얗게 몸을 궁글린

# 그 사이

하늘이
밤새 그리 울더니

구름은
무거운 몸짓으로
제자리만 맴돌고

진종일 비가 빨랫줄에
수정 몇 개를 꿰어 놓았다

바람이 불면 바르르 떨다
곤두박질친다

그 사이로 봄은
어슬렁 화단의 둑을 넘고

하늘은 저리
뜨거운 여름을 피올리고 있다.

# 폐타이어

폐타이어 하나가
담벼락에 기대고
잠들어 있다

구멍난 가슴을 열어젖히고
지하도 노숙자처럼 웅크리고 있다

꿈을 키우던 한철이
저편으로 밀려가고
낡은 몸뚱이만 밤마다
푸른 꿈을 꾼다

아직 달릴 수 있다고
갈지 자 걸음도 속도위반도

다시 기회만 주어진다면
꼭 한 번 내 생을 되돌리고 싶다고

# 만월

졸졸졸 물소리
달빛은
새끼 도랑 속에서도 웃었다
구멍난 깡통에
나무 조각 몇 개로 불을 지핀다
그루터기에도
불길은 타올랐고
너 나 없이
쥐불놀이에 그림자도 뛰었다
팔이 휘도록 달빛을 돌리면
정월 대보름 밤은 만월이 되어 갔다
이제, 들판은
흐르던 물소리
허리를 잘리우고
살점을 드러낸 채
밤을 태우던 불빛
아이들은 컴퓨터에 달을 그린다.

# 이슬

밤 가르는 고통이
아침을 밝혔다

빛이 있어
영롱함을 발할 수 있지만

흔적조차 거두어야 하는
운명이다

긴긴 시간
티 하나 섞지 않고

하얗게 하얗게 몸을 궁글린
영롱한 구슬

금방이라도 또르르
떨어질 것 같은 찰나에도

하늘 머금어 순결한
신의 눈망울이다.

# 청포도

비 갠 아침
신비로 꽉 차 있다

날마다 무슨 생각 그리 많아
나이도 잊어버리고

낮 밤
쉬지 않고 눈빛 살아 있더니

발돋움한 젊음들이
꿈틀거린다

묶어둔 시간들
퇴색지 않고

정수리, 알알 그날까지도
달과 별 유년의 꿈이 숨쉬고 있다.

# 아까시 꽃

누가 종을 쳤을까
일어나라고

굳어진 표피 사이로
고개 내밀어

한 잎
두 잎
푸름으로 물들어
오고가는 발길 멈추게 하더니

어느 못다 한
사랑 얘기를 머금었나

밀려오는 그리움에
꽃망울 터뜨려
그대인 듯 향기로 피어난다.

# 둥지

새 한 마리
대문 안 우체통에 알을 품었다
눈이 있어 세상을 다 볼 수 있을 텐데
겨우 손 하나 들락거릴 작은 통 속에
터를 잡고 신접살림을 차렸다
많은 발길이
하루에도 몇 번을 드나드느라
덜거덕거렸는데
얼마나 가슴 졸이며 노심초사했을까
살기 편한 곳도 많은 세상에
받은 유산이 없어
대문간에 사는 줄 알았는데
아마도 운 좋게 횡재라도 했는지
아님 자수성가해
큰 평수에 당첨이라도 된 것인지
노란 입들이
날개 달고 이사를 갔다.

# 그녀의 별

별자리 하나 스러졌다.
퉁퉁 부운 얼굴에 모자를 눌러쓰고 비척대면서 "나 돈 벌어야 하는데" 지금도 그 목소리 골목을 맴돌고 있다.
남편 없이 아이들 키우면서 아들은 박사로, 딸은 의사로 만들었다. 쉬는 날 없이 파출부, 청소부로 다 잠든 밤을 낮 밤인 줄 몰랐다.
유방암을 두 번씩이나 수술해 제 살 깎이는 줄도 모르고, 아이들 때문에 돈 더 벌어야 한다더니, 자식들 결혼 하나 시키지 못하고 가버렸다.
손때 묻은 살림, 날마다 들락거리던 대문, 꿈속에서도 따 담던 별 두 개 무엇 하나 어떻게 두고 갔을까?
낮과 밤을 한 땀 한 땀 엮어 지상에서 영원까지 통로를 만들어, 그 먼 길을 들락거리더니, 오늘밤 그녀의 별 총총하다.

# 거리의 사람들

레일 구르는 소리에
밤새 오그리고 있던 사지는
기지개를 펴도 제대로 풀리질 않는다
눈을 떴는지 감았는지
감아보아도 떠보아도 달라지는 것은 없다
신문지 몇 장을 이불삼아 몸 하나 부리면 그만이고
술 한 모금과 담배 한 개비만 있으면
부러울 것이 없다
해가 뜨면 어디론가의 생활이 시작되지만
등 뒤로 내리는 노을은 감당할 수 없어
발길 닿는 대로
기약도 없는 그 무엇을 향해 달리고 있다
저 높은 빌딩, 수많은 별빛까지도
포기한 지 오래인데
지표 없는 발걸음이
어디쯤인가에
나도 돌아갈 곳이 있다는
한 가닥 희망으로
어두운 지하도 속을 달군다.

# 어떤 이별

이별은
모르는 곳에서
시작되고 있었다
예행연습 한 번 없이
가려 한다
왜 혼자서만
떠나야 하는 걸까
그냥 보낼 수 없어
소리도 내지 못하고
가슴을 손으로 쥐니
소매 끝이 젖어 있었다
노을 빛 땅 끝에
가는 길이 달라
세상사
한 줌의 흙으로 덮어
떠나 보내야 했다
시간은 흐른다
그리고 이렇게 숨쉬고 있다.

## 역설

눈을 뜨기가 무섭게
애완견 한 마리가
아침을 끙끙댄다
현관문 쪽으로
궁둥이를 치켜들고 있다
제 볼일은 뒷전에 두고
집을 나선다
거리로 나오니
목에 단 방울소리가
오만방자하다
정육점에 들러
고기 한 근을 끊는다
편의점에서는 치즈를 산다
별로 달갑지 않은 눈치다
입이 댓 자나 나오더니
또 끙끙대기 시작한다
이때

따르릉

"사회복지원인데요."

"노인께서 운명하셨습니다."

# 과태료

창을 연다
어제 뒤집어쓴 먼지를 털어내지 못하고
자동차가 눈을 비비고 있다
잡다한 세상일 매듭 풀지 못해
뜬눈으로 밤을 새웠나
긴 밤을 기도로도 풀지 못한 걸까
살기 편한 것이 무엇인지
어떻게 사는 것이 잘사는 것인지
그냥 주어진 대로 살지 못하고
과속에 신호위반 딱지만 수북하다
날아든 고지서를 어찌하면 좋을 것인지
뻣뻣한 목, 카랑한 목이
엎치락뒤치락 탁음으로
하나 둘 새로운 시동을 건다.

# 그대

한 가닥
향기로 다가오네요
생각만 하여도 설레네요
보이지 않는 날에는
눈에 밟혀
어느 한구석쯤에서라도 마주치고파
그대 내음
끝이 어디인지
퍼내어도 샘물처럼 솟아
넘쳐흐르고 있어요
어느 먼 날에
어디에선가 옷깃이라도 스쳤을까요
그대 얼굴이
저 하늘까지 떠 있어요.

# 오월은

너는
어루만져 보고 싶은 빛깔로
가슴 두근거리게 한다

눈을 뜨면
때묻지 않은
어린 티를 벗어 보려고
발돋움하면서
조금씩
짙은 화장을 한다

너는
색깔만큼이나 꿈이 많아
하늘을 향해
그 무엇인가를
소망하는 눈빛으로
기도하고 있구나

세상을 향해
더 넓고, 깊게 뿌리내릴 때
너는 옥토에 떨어진 밀알이 되어
세상에 푸른 숲이 되리라.

# 오늘

오늘은
어제의 연습이 아니다
하루를 몇 번쯤
연습할 수 있다면 좋겠다
내 지나버린 날들을
다시 되감기할 수 있다면 좋겠다
구차한 남루는 지우고 싶다
누군가를 미워했던 기억도
그 무엇 잡으려
허공에 뜬 모습도 지우고 싶다
그리고 그 자리에
하늘빛 같은
사랑 하나만을 고이 간직하고 싶다
꽃잎으로 싸볼까
낙엽으로 싸볼까
훗날 누군가 나 때문에
밤을 바스락거려 줄 이 있을까

# 어느 실직자의 하루

새벽 별은 빛나는데
어둠을 가누고 달려왔다
이 겨울을 연명하기 위해
하수구 뚜껑이라도 열어야 한다
시궁창 냄새에
두툼한 입마개도 현기증이 인다
언제 어디서부터
이렇게 부패되었나
허리를 구부려 삽질을 한다
담배 한 대를 피워보지만
숨도 못 쉬고 멀미로 피어오른다
오고가는 사람들은
내 몫은 아니라고 애써
얼굴을 찡그린다
새벽, 대문을 나설 때
하나는 오래된 감기로 쿨럭이고
또 하나가 내밀던
마감일 지난 등록금 고지서가
허공에 꽂혀 있다.

# 가로등

어둠이 내리면 눈을 뜬다
통행금지도 없이 골목을 지키다
모처럼 낮잠을 청해보는 순간
골목이 왁자지껄 부산해진다
코끝이 빨갛도록 술에 취해
비틀거리던 할아버지
자식들은 다 서울로 가고
혼자서 저 세상으로 가셨다 한다
더러는 돌멩이 던지는 아이들 혼쭐도 내셨다
아까시 잎이 가리어 보이지 않을 때
가지를 쳐주어 눈을 맑게도 해 주셨다
마지막 순간까지
자식들 몰래 눈물 훔치시며
그렇게 외로워서 비틀거리셨구나
이제 체취만 흐르는 빈 거리를
내 작은 실눈이지만
잠든 영혼을 위로하기 위해
어둠 헤쳐 다시 한 번 눈을 떠 밝힌다.

# 겨울나무 이야기

잠에 취해 있다
시간가는 줄 모르고 한나절 땀 흘리다
강가에 몸 담그고 식히기도 했다
푸른 내음 보내고
낙엽을 곁에 두었다
매서운 바람이 가지를 흔들어도 대꾸하지 않았다
접어둔 흔적들 덮어
눈감고 있으니 산새가 먹이인 줄 알고 쪼아본다
요동하지 않았다
속으로 속으로 꽃샘추위 밀어
눈만 감았지 귀는 열고 있다.

# 물안개

어느 먼 곳으로부터의 시작이었을까
비가 오는 날이 아니어도 강기슭을 떠나지 못하고
손발이 부르트도록 물질을 했단 말인가
별빛을 등대삼아 홀로 그렇게
그믐이 지는 줄도 모르고 밤을 퍼올렸단 말인가
얼굴 한 번 변하지 않고 내색하지 않으려
가슴을 벌려 얼마나 크게 내뿜었기에
산자락까지 적시고 있는 것일까
무엇이 그토록 그의 발목을 붙들어매고 있을까
툴툴 털어내지 못하고
속으로 속으로만 제 몸 사르다
햇살 토해내고 있다.

# 비 갠 날

구름은
아직도 토라진 얼굴이다
무슨 사연들이 서리서리 쌓였기에
한꺼번에 분출시켜야만 했니
폭포처럼 쏟아놓고
산허리 감고 앉아
토해내듯
이 땅이라도 삼킬 듯
소리까지 확인해야만
직성이 풀릴 수 있었니
조금은 계면쩍어서인지
얼굴 내밀지 못해
먼발치로만 서 있다가
물소리 아심해진 뒤에야
바람 속을 달려가는 너를 본다.

# 기다림

공원 벤치는
설렘으로 하루를 연다
오고가는 발자국 소리에 귀를 모으며
누구일까
무엇 하러 왔을까
예쁜 소녀가
하늘 향해 두런거리다
어디론가 떠나버리면
허전함에 몸살을 앓는다
그녀의 못다 한 이야기가
귓가에 맴돌 때
지팡이 소리 하나가 숨을 죽이게 한다
노인의 중절모가 노을빛 아래
한 걸음 한 걸음
혼자 세상 짐을 다 걸머지고 있다
자식들은 다 어디에 있는 것일까
사랑하는 사람들은
혹 멀리 떠나보내고

빈 가슴 채우려 방황하는 것일까
어둠 밀려와도
갈 곳을 정하지 못해서인지 서성거린다
그들의 어깨 위로 별빛이 내리고 있다

| 작품 해설 |

# 모성적 생명력과 낙관주의

## ─이수자의 시세계

김동수

(시인, 백제예술대학 교수)

시인들은 언어를 창조적으로 구사하여 세상과 소통을 한다. 울고 싶을 때 울어야 마음이 평안해지듯, 시인들도 가슴속에 쌓여 있던 소망과 비애의 정서를 밖으로 표출함으로써, 그동안 맺혀 있던 억압 감정들이 소산(Abreaction)되어, 해방감과 고양감을 느끼게 된다.

나이가 들어 무력감에 젖어 있던 어느 날, 시인은 문득 가족들의 그림자가 되어 늘 뒷전으로 밀려나 있던 자신의 삶을 뒤돌아보게 된다. "어느 날 밤, 창가에 핀 유자꽃이 방안 가득 달빛 불러들이는 소리를 들었습니다. 행여 아이들이 깰까 다독거리며 숨소리도 내지 못하고 꼬박 밤을 새웠습니다. 그러다 보니 그동안 묻어 두었던 이야기들을 글로 한번 써 보고 싶었습니다."(「시인의 말」) 이렇게 시인은 오랫동안 말하지 않던 말을 하기 위해서, 아니, 하고 싶었어도 하지 못했던 말들을 하기 위해 시를 쓰고 있다.

유교적 가정에서 자란 이수자 시인은, 일찍이 부모로부터 체득된 인종忍從과 후덕한 모성母性으로 이 고장 여인의 전통적인 서정과 삶의 자세를 보여주고 있다. 상적 삶의 과정들을 자연의 질서와 어법으로 내면화하여, 거기에서 어떤 인생론적 의미와 존재의 깊이를 나직하고 소박한 어조로 그리고 있는데, 이는 그의 남다른 인품과 학구적인 자세 그리고 오랜 신앙 생활에서 오는 기도와 성찰의 결과가 아닌가 한다.

### 1. 참 달이 밝다

시인은 잘 살기 위해 시를 쓴다. 혼란되고 결여缺如된 삶의 현장에서 나를 세우고 나를 살리는 삶을 위한 생활시(Art for Life)를 쓰고 있다. 이상과 현실이 분리되어 있지 않고, 이를 상호 통합하여 현실의 고난을 극복해 가는 소위 변증법적 미학이다. 그러기에 그의 시는, 그의 삶을 밝고 아름답게 이끌어 주는 길잡이요, 메마른 삶을 풍요롭게 가꾸어 주는 정신의 숲이며, 때로는 간간이 찾아가 무릎을 꿇기도 하는 경건한 예배의 성소聖所이기도 하다.

맺힌 데를 풀어 주고, 불목과 이질異質을 화평과 이해의 세계로 고양시켜주는 이러한 생성적 사유 방식이야말로 그의 삶을 끊임없이 고무시키고 재생산해 가는 생명 미학이 아닐 수 없다.

걸어도 걸어도
머리 들고 항의하는 때묻은 시간들
바람을 마셔보아도
어둠을 밟아보아도

다시 북적대는 녹슨 일상들
고개 떨군 침묵 사이로
늦은 달이 떠올랐다
그래도 우리는 어떤 이유에서든지
누가 먼저랄 것도 없이 입을 맞추어
"참 달이 밝다."고 하였다.

—「저녁 산책」 일부

인생의 길은 멀고도 길다. 시작은 있으나 종점을 알 수 없다. 그러기에 그 길은 더욱 멀고 불안하다. 그 먼 길에 망연한 그리움 하나 안고 '걸어도 걸어도/ 머리 들고 항의하는 때묻은 시간들' 뿐이요, '마셔보고', '어둠을 밟아보아도' '다시 북적대는 녹슨 일상들' 뿐이다. 먼 길을 걸어왔건만, 이제와 돌아보니 '때묻고, 녹슨 일상' 뿐이었다니……, 참으로 허망하고 쓸쓸할 일이다. 그래, 시인은 한동안 말을 잃고 '고개를 떨군다. 침묵'의 시간이 흐르고, 그 침묵의 시간 속에 허무와 자책 그리고 번민이 함께 자맥질을 한다.

그런 사이, 그는 자신의 삶을 다시 한 번 뒤돌아보게 된다. 그 과정을 시인은 '고개를 떨군 침묵 사이'라고 표현하고 있다. 기표記表상으로는 그 '사이'가 그리 길어 보이지 않지만, 문맥으로 보아 그 시간이 짧지 않았음을 간취看取케 한다. 그 뒤에 떠오른 '늦은 달'이 그것이다. '고개를 떨구고' '침묵하는 사이', 그는 이제까지의 삶을 회광반조廻光返照하는 성찰의 시간을 갖게 되고, 이러한 과정을 거쳐 혼돈과 미망의 차안此岸에서 저 건너 피안彼岸으로 건너뛰는 견성見性과 부활의 시간을 갖게 된다.

'때묻고, 어둡고, 녹슨 일상들' 뿐이지만 그래도 '누가 먼저랄 것도 없이 입을 맞추어/ "참 달이 밝다."고 그들은 말한다. 여기에 이수자 시인의 '그러나(But)의 미학'이 있다. 시는 '그리고(And)의 미학'이 아니라, '그럼에도(But)의 미학'이다. '－하였기 때문에 －하였다'가 아니라, '그럼에도 불구하고 －하였다'에서 우리는 보다 높은 심미적 고양감을 느끼게 된다.

시란, 현실을 그리되 그 속에서도 이상理想의 세계로 나아가려는 열망이 치열하게 통합되어 있을 때, 거기에서 어떤 기쁨과 아름다움을 느끼게 된다. 이상을 상실한 채 어두운 현실을 있는 그대로만 드러낸다거나, 또 그 자리에 안주하고 있는 것이 아니라, '그럼에도 불구하고', 그것을 넘고 극복하여 가치 지향적 세계로 나아가려는 열망적 전망(Perspective Vision)이 있을 때, 거기에서 우리는 또 다른 진실의 아름다움과 미적 쾌감을 만끽하게 될 것이다.

'순접(And)의 미학'이 아니라, '그럼에도(But)'를 지향한 이러한 이수자 시인의 '역접逆接 미학', 곧 양성陽性적 낙관론(Optimism)이 시의 말미에서 천지를 밝히는 달[月]을 하나 떠올렸던 것이다. '그럼에도, 참 달이 밝다'고 －

낯선 곳으로 밀려가고 있다
겨울을 헤집고 봄을 피워 왔건만

절정의 순간도 잠시
어디론가 가고 있다
가는 길이 어디일지 몰라도
지금까지의 이 아름다움만으로
또 누군가를 위해 한 편의 시였고
그리움이었다는 것
더러는 누군가에게 밟히기도 한다
그래도 내 모습 잃지 않으리라
이렇게 꽃이었다가
어떠랴
이 햇살 한 줌, 이슬 한 줌
눈이 부신 꽃잎 한 장
다시 되어질 수 있다면
바람 속에서도 춤을 추리라

—「벚꽃 길에서」 전문

'겨울을 헤집고 봄을 피워왔건만/ 절정의 순간도 잠시' 알 수 없는 '낯선 곳으로 (다시) 밀려가고 있다'. 그는 지금까지 '누군가를 위해 한 편의 시詩'가 되고, '그리움'이 되기 위해 살아왔다. '더러는 누군가에게 밟히기도' 하였지만, '그래도 내 모습 잃지 않으리라' 다짐을 하면서 '햇살 한 줌, 이슬 한 줌'이 되어 '꽃'을 피우고 나무를 길러 그만의 숲을 가꾸어 가고자 한다.

이처럼, 그의 삶은 '시와 그리움', '햇살과 이슬'이 되고 '꽃'이 되기를 희망한다. 공자孔子의 「사무사思無邪」와 푸쉬킨의 「삶」 그리고 김춘수의 「꽃」을 연상케 한다. 공자는 시詩를 삿된 마음이 없는 '순수한 생각思無邪'이라 하였고, 푸쉬킨도 삶이란 '아름다운 추억을 만들어 가는 것'임을 일깨워 주었는가 하면, 김춘수도 '의미의 존재가 되기'를 노래하고 있었다.

'누군가에게 밟히기도'하지만, 그럼에도 그는 한 편의 '시詩'가 되고, '햇살'이 되고 '이슬'이 되어 '의미의 꽃 한 송이'가 되기를 꿈꾼다. 모성母性과 양생陽生지향의 식물적 생명성이 그의 시의 전반에 깃들어 있다.

## 2. 성자聖者의 눈빛처럼

그는 기도하는 시인이다. 혼란되고 혼탁한 세상에서 밝은 마음으로 서로 상생할 수 있는 양생陽生의 길을 찾아 기도하면서 끊임없이 자기 존재를 확인한다. 그러기에 그의 시는, 자신을 바라보는 또 다른 자신으로서, 자신의 삶을 관찰하고 판단하고 평가하여 다음 행동으로 이어지게 하는, 인식의 주체로서, 자기 존재의 확인 과정인 셈이다.

끊임없이 생성하고 소멸하는 세계 안에서 자신의 존재에 대한 형이상학적 탐구, '나는 누구인가?', '나는 어떤 의미의 존재인가?' 등 존재의 이유와 그 목적에 대해 보다 진지한 질문이 그것이다.

빗방울이
숨죽여 내린다

빗줄기가
소리없이 흘러도

개울은 졸졸
선명한 화음이다

송사리 몇 마리가
제 물을 만난 듯 헤엄을 친다

물줄기는 흘러
강을 이루지만

아픔의 얼룩을
씻어내지는 못한다

—「슬픈 날」 일부

왜, 시인은 「슬픈 날」이 되었을까? '개울물은 즐겁고 활기차게 강江을 이루어 흘러가고 있는데' '빗방울(화자)은 숨을 죽이고 소리없이' 소멸되어 가고 있다는 좌절과 상실의 무력감 때문이다. 자기는 흘러 소멸되고 마는데, '개울'에선 송사리들이 '제 물을 만난 듯 헤엄치고 —강江 을 이뤄' 가고 있다는 인식 때문에 「슬픈 날」이 된다.

'소리없이 흘러 사라지고 마는 빗방울'과 '즐겁고 활기차게 강을 이루어 가는 개울'은 '유한有限과 무한無限', '상실과 부활', '소멸과

생성', 아니 어쩌면 분열되고 파편화된 현실 속에서 절대 본질의 영원성을 지향하는 그의 남다른 구도적 자세가 아닌가 한다.

유유히 흐르는 거대한 세월의 강 앞에서 '빗방울'처럼 내렸다 흩어지고 마는 인간의 나약과 한계를 감지한 순간, 시인은 자연의 거대한 위력 앞에 새삼 옷깃을 여미지 않을 수 없게 된 것이다.

어디쯤에
정착할 수 있을까
며칠을 벼르다
어둠 같은 미로에 내린다
어느 큰 건물
하늘이라도 찌를 듯이 당당한
저곳은 어떠한 모습일까
유리창을 기웃거려 보지만
속 풍경은 거들떠보지도 못한다
어쩌다가
조금 열려 있는 창을 두들겨보지만
그 틈새로
몸 하나 비벼대지 못하고
온종일
할퀸 상처만 안고
다시 머나먼 길을 나선다.

—「빗물」 전문

인생은 먼 길을 가는 비의 나그네. 종점을 알 수 없는 인생항로에서 흐르고 흘러 정착지를 찾아 헤매이다 '하늘이라도 찌를 듯이 당당한' '유리창 안을 기웃거려 보지만' 결국 '상처만 안고' 미끄러져 내린다. '그러기에(And) -하였다'가 아니라, 그러나 곧, '할퀸 상처를 안고 / 다시 머나먼 길을 나서는' 고독한 수행자(비)의 모습에서 예例의 '그럼에도 불구하고(But)의 미학'을 다시 만나게 된다.

'문이 잠기어' 있는 '큰 건물'의 '속 풍경은' 그가 끝내 다다르고 싶은 생의 구경究竟, 아니 그가 꿈꾸는 구원의 이데아(idea)일는지도 모른다. 이러한 그의 절대 지향의 치열성은 아래의 「새벽」에서도 발견된다.

별조차 스러지면
남은 시간 부여잡고 있다

어둠이 다가와
사물을 분간할 수가 없다

몸이 상하도록 머리를
싸매어 보았지만

돌아오는 것은
아픈 자국뿐이었다.

긴 시간을 추스르지 못하고

입술이 까맣게 타는 줄도 모르고

성자聖者의 눈빛처럼
불빛 몇 개가 껌벅이고 있다.

—「새벽」 전문

'어둠이 다가와 / 사물을 분간할 수 없'어도 '몸이 상하도록 머리를 / 싸매'어 '입술이 까맣게 타'도록 '껌벅이고 있'는 '성자의 눈빛' 그게 기도하며 살아가는 신앙인 이수자 시인의 모습이요, 유한자로서 무한과의 합일을 꾀해 영원한 생명을 추구하는 그의 절대지향의 신성神性일는지도 모른다.

### 3. 감꽃이 필 때면

시는 모성母性을 지향한다. 그것은 인류가 일찍이 잃어버린 에덴(eden)에 대한 향수요, 인간 본연의 그리움이기도 하다. 신석정의 「촛불」에서도 '어머니'가 자주 등장하고, 윤동주의 「별 헤는 밤」에서도 멀리 북간도에 떨어져 있는 고향과 어머니의 모습을 떠올리면서 존재의 불안과 외로움이 드러나곤 한다. 시적 자아는 존재의 근원, 곧 본래의 자기(Own Nature)를 꿈꾼다. 이수자의 시에도, 시인의 성장에 짙은 음영을 드리웠던 어린 날의 아버지와 어머니 그리고 고향의 모습들이 그의 삶과 시적 정조情操를 이루면서 모성 지향, 곧 영원회귀 본능의 모습을 보이고 있다.

어머님은
뒤 정지문 열고
장독대 훔치시다

보낸 딸 눈에 밟혀
감꽃으로 목걸이를 만드셨다

당신 얼굴처럼 주름주름
치마폭에 담아

굽은 허리로
먼 하늘 바라고
바람 소리에 또 문 열어 봅니다.

—「감꽃이 필 때면」 일부

보릿고개가 시작된 5월이 오면 시골집 뒤안에선 감꽃이 하얗게 피었다. 거기에는 장독대가 있고, 부엌에선 식솔들의 끼니를 마련하느라 늘 달그락거리던 어머니의 앞치마와 물 묻은 손이 있었다. 6·25 직후, 호랑이보다도 무섭다던 보릿고개를 넘던 시절의 이야기다. 감꽃이 필 때가 되면, 농촌에선 춘궁기가 시작되어 감꽃을 많이 주워 먹었다, 향긋하면서도 떨떠름한 그 맛을 보러 새벽이면 동네 아이들이 눈을 비비며 큰 감나무가 있는 집 뒤안으로 모여들었다.

이런 시절, 감꽃이 피기 시작하면 멀리 출가시킨 딸이 더욱

그립고 안타까워, '어머님은/ 뒤 정지문 열고/ 장독대 훔치시다// 보낸 딸 눈에 밟혀/ 감꽃으로 목걸이를 만드시'거나, 부엌에서 '굽은 허리로/ 먼 하늘 바라고/ 바람소리에 또 문을 열어 보시곤' 하였다. 그런 지난날 어머니의 모습을 시인은 잊지 못하고 있다. 가파른 보릿고개를 넘던 시절, 우리들의 마음속에는 이처럼 잊히지 않는 지난날 우리 어머니들의 한숨과 더 없는 사랑이 한 장의 색 바랜 흑백 사진처럼 아직 남아 있다.

> 손자들이 몰려와
> 북새통을 이루었다.
> 태풍이 다녀간 자리처럼
> 쓰레기들만 남았다
> 땀이 흐르는 줄도 모르고
> 기다림 풀어 밤을 새웠다
> 손가락이 마디마디 저려오고
> 오리처럼 몸이 뒤뚱거린다.
> 철지난 바다처럼
> 여름이 빠져나가도
> 쥐고 있는 끈 놓지 못해
> 파도에 밀려 제 모습 잃은
> 그들의 흔적
> 부둥켜안고 있다.
>
> ―「휴가철」 전문

짐승들은 새끼들이 자라면 미련 없이 떠나보내지만, 인간 세상에서 부모와 자식 간의 관계는 그렇지 못하다. 유독 한국 사람들은 자식에 대한 집착이 강해 결혼을 시켜도 부모와 자식으로 한번 맺은 인연은 부채가 되어 평생을 간다. 휴가철이 되어 집으로 찾아든 손자들의 북새통과, 그 뒷바라지에 나이가 들어 몸이 굳고 오리처럼 뒤뚱거려도 마냥 즐겁고 행복해 하는 시인의 모습이다.

그러면서도 험난한 세파 속으로 또다시 떠밀려 가는 피붙이들의 뒷모습을 바라보며 그들을 염려하는 모습이 마치 지난날 시인의 어머니를 닮은 모습이다. 그들이 간 뒤, 집안을 다시 정리하면서 아이들의 얼굴을 하나씩 떠올리며, 행여 험한 세파에 길을 잃지나 않을까 노심초사한다. 한 부모가 열 자식은 길러도 열 자식 한 부모 못 모신다더니, 몸은 떨어져 있어도 마음은 이처럼 늘 자식들과 하나로 이어져 있는 게 부모의 마음이 아닌가 한다.

공장에서
야간작업이 있는 날은
고샅까지 나와 계셨다
아들은 공부를 시키고
"딸인 너는 못 가르쳐 미안하다."
"그래도 너는 믿는다."
잡은 손 놓지 못하셨다
당신 떠나신 후
그 골목

마음속에만 남아 있다.

—「아버지와 골목」 일부

허리를 가누지 못한 채
아버지 따라 풀을 뽑아올렸다
"논 팔아버려."
남들처럼 돈 버는 재주도 없으면서
그래도 날이 새면 논밭으로 달려
해가 서산에 걸리는 줄도 몰랐다
논 팔아 공부시킨 자식 제구실 못하니
구들장이라도 파고 싶으셨던
아버지
아버지
논두렁을 삽자루로 내리치셨다.

—「논두렁」 일부

남아선호 사상 때문에 학교 교육마저 제대로 받지 못하고, 어린 나이에 공장과 들일을 해야만 했던 어린 날 화자의 어두운 기억을 배경으로, 이를 미안해하고, 가슴 아파했던 아버지의 모습이 사실적으로 그려져 있다. '아들 공부시키느라' '딸인 너는 못 가르쳐 미안하다.'시며 '잡은 손 놓지 못했던' 아버지의 그렁한 눈망울과 '삽자루로 논두렁을 내리치셨던' 아버지의 울분이 그것이다.

맨몸으로 집안을 일으켜세우셨던 치열한 부성父性과 그 안에서 식솔들을 돌보느라 당신을 희생하셨던 모성母性이 아직도 고향

'그 빈집을 떠나지 못하고'(「그 집에는」) 있다. 아니, 그 울분, 그 눈물, 그 정성과 비손이 이수자 시인으로 하여금 만학의 길로 들어서게 하여 늦은 나이에 백제예술대학 문예창작과를 졸업하고, 자녀들을 모두 훌륭한 사회인으로 길러 오늘날 그의 울창한 일가一家, 아니 그의 왕국을 이룩한 셈이다.

### 4. 하얗게 몸을 궁글린

시인들은 자신의 감정을 이미지로써 곧잘 표현한다. 이미지는 마음속에 떠오르는 그림으로서, 이 떠오르는 그림을 통해 우리는 특정 대상을 인식하게 된다. 그리고 이 이미지는 묘사에 의하여 다시 구체화된다. 때문에 시인들은 설명이나 진술을 통해 독자의 이해를 돕는 것이 아니라 자기의 느낌을 감각적 상像으로 구체화시켜 우리의 눈앞에 드러내 보이는 입상진의立象盡意 방식을 즐겨 취한다.

시의 힘은 이러한 묘사에 의하여 구체화되기 때문에, 묘사는 하나의 이미지를 형상화하는 데 기여한다. 보이지 않는 저 너머 실재實在의 세계를, 보이는 현상의 객관적 체험, 곧 구체적 형상(이미지)을 수단으로 삼아 전하고 있는 셈이다.

하늘이
밤새 그리 울더니

구름은 무거운 몸짓으로

제자리만 맴돌고

진종일 비가 빨랫줄에
수정 몇 개를 꿰어 놓았다

바람이 불면 바르르 떨다
곤두박질친다

그 사이로 봄은
어슬렁 화단의 둑을 넘고

하늘은 저리
뜨거운 여름을 펴올리고 있다.

―「그 사이」 전문

참으로 맑고 깨끗한 이미지 중심의 시다. 봄에서 여름으로 넘어가는 사이, 소나기가 한 차례 내리고, 빗방울이 빨랫줄에 맺히고, 하늘이 개고, 그 사이 하늘이 열려, 저리 여름을 펴올리고 있다는 일련의 계절적 감각을 산뜻하고 투명한 그러면서도 감각적인 한 편의 동시풍으로 그리고 있다.

'하늘이/ 밤새 그리 울더니' ― '그 사이로 봄은/ 어슬렁 화단의 둑을 넘고' - '하늘은 저리/ 뜨거운 여름을 펴올리고 있다'가 그것이다. 시인은 '봄'에서 '여름'으로 넘어가는 '그 사이'에 일어난 일들에 주목한다. 여름은 그저 오는 것이 아니었다. '그 사이'에는 의례적으로 겪어야 할 입사의식(Initiation)이 있었으니, 그게 바로 '밤새 하늘이 울어야' 비로소 '여름'이 온다는 논리적 구문(Logical Sentence) 배치가 그것이다.

'한 송이 국화꽃을 피우기 위해 – 봄부터 소쩍새가 그리 울었' 듯, 이수자의 '여름'도 '하늘이/ 밤새 울고', '구름이 무거운 몸짓으로 제자리를 맴도는' 과정을 거쳐야 비로소 여름이 올 수 있다는 우주적 진리(연기론)를 그 배경에 깔고 있다. 그 사이로 '비가 빨랫줄에/ 수정 몇 개를 꿰어 놓고', '봄은/ 어슬렁 화단의 둑을 넘어' 여름으로 진입하고 있는 주변 풍경과 통과의례通過儀禮 과정을 천진스럽게 형상화하고 있다.

시심詩心은 동심이다. 동심은 삼라만상을 낳고 기르는 대자연(우주)의 마음이다. 아무런 욕심도, 편견도 없이 사물을 있는 그대로, 심상에 투영된 그대로 느끼고 받아들이는 순수 직관, 이수자 시인은 이런 동심적 직관으로 대상의 외양이나 정경을 주관화하여 그려내는 소위 객관적 주관 묘사에 남다른 재주가 있다.

긴긴 시간
티 하나 섞지 않고

하얗게 하얗게 몸을 궁글린
영롱한 구슬

금방이라도 또르르

떨어질 것 같은 찰나에도

하늘 머금어 순결한
신의 눈망울이다.

—「이슬」 일부

시인은 평생 어린아이의 눈을 지녀야 시를 쓸 수 있다고 하였다. '하늘의 무지개를 보면/ 내 가슴은 뛰노라. – 아이는 어른의 아버지/ 내 하루 하루가/ 자연의 경건함으로 이어지기를' 기도했던 윌리암 워즈워스도 동심, 곧 이 천심天心을 지니고 있었다. 사물을 있는 그대로 보아주는 것이 동심이고 시심이다. 공자가 말한 '사무사思無邪'가 바로 그것인데, 나이가 들어갈수록 우리는 이런 동심을 차츰 잃어가고, 편견과 독선이 자리하게 된다.

한 방울의 '이슬' 속에서 '하늘 머금어 순결한/ 신의 눈망울'을 발견하고, 그 눈망울이 되기까지 '긴 긴 시간/ 티 하나 섞지 않고 // 하얗게 몸을 궁글린' 이슬의 고난과 단련의 시간을 읽어내는 동심, 여기에 이수자 시인의 남다른 통찰력과 사무사思無邪의 천심이 있다.

그는 독실한 크리스천이다. 그러기에 그가 '금방이라도 또르르 / 떨어질 것 같은 찰나' 그 절대 상황 속에서도 조금이라도 흐트러짐 없는 자세로 '하늘 머금어 순결한/ 신의 눈망울'을 잃지 않으려 '하얗게 몸을 궁글리고' 있다. 순수 절대의 신성神性을 지향한 그의 신앙생활의 투영, 하나님을 믿고 하나님을 섬기며 살아온 그의 신앙이 그의 몸에 그대로 배어 그리된 것이 아닌가 한다. 신앙의 힘이 한 인간을 이다지도 크고 아름답게 세울 수 있음을, 나는, 내 주변 가까이 있는 이수자 시인을 통해 새삼 느끼곤 한다.

## 5. 식물적 생명력

인간의 마음속에는 언젠가 돌아가고픈 '영혼의 고향'이 하나씩 있다. 그 고향과 자신의 삶이 멀어져 있을수록 우리의 삶은 늘 허전하고 외롭기 마련이다. 내 안에 있는 영혼의 내(Self)가 현실적 자아인 나(Ego)에게 자꾸 말을 걸어오기 때문이다. 자신을 돌아봐 달라고, 내가 나 자신에게 보채고 있는 것이다.

들녘에서 체득된 식물적 생명력과 매사에 감사하는 긍정적 인생관으로, 그간의 고난을 극복하여, 그는 이제 생生의 보람을 느끼며 고희를 바라보는 나이에 이르렀다. 하지만 그의 문학은 아직도 시들지 않고, 사물의 본질과 근원에 대한 끊임없는 질문과 응시 그리고 포용으로 모든 것을 길러내면서, 새로운 서정의 집을 구축하고 있다. 제2의 시집을 기대해 보면서 앞날에 큰 축복이 있기를 빈다.

이수자 첫 시집
참 달이 밝다

초판인쇄 | 2011년 12월 2일
초판발행 | 2011년 12월 5일

지 은 이 | 이 수 자
펴 낸 이 | 서 정 환
펴 낸 곳 | 신아출판사
주 소 | 전주시 완산구 태평동 251-30
전 화 | (063)275-4000
팩 스 | (063)274-3131
E - mail | sina321@hanmail.net
값 9,000원

ISBN 978-89-5925-948-9 03810


※이책의 발간비 일부는 전라북도 문예진흥기금의 지원을 받았습니다.